CONGRÈS

DE LA

FÉDÉRATION OUVRIÈRE

Des Poudreries et Raffineries de France

TENU A

Angoulême le 18 Novembre 1894

ET A

Toulouse les 26 et 27 Mai 1895

COMPTE RENDU

PRIX : 30 CENTIMES

TOULOUSE

IMPRIMERIE G. BERTHOUMIEU

20, RUE DE LA COLOMBETTE, 20

1895

CONGRÈS

DE LA

FÉDÉRATION OUVRIÈRE

Des Poudreries et Raffineries de France

TENU A

Angoulême le 18 Novembre 1894

ET A

Toulouse les 26 et 27 Mai 1895

COMPTE RENDU

TOULOUSE

IMPRIMERIE G. BERTHOUMIEU

20, RUE DE LA COLOMBETTE, 20

1895

CONGRÈS DE LA FÉDÉRATION OUVRIÈRE

Des Poudreries et Raffineries de France

COMPTE RENDU

PREMIÈRE SESSION

TENUE A LA BOURSE DU TRAVAIL D'ANGOULÊME

LE 18 NOVEMBRE 1894

La séance est ouverte à une heure de l'après-midi. Le citoyen René, président du syndicat des ouvriers de la poudrerie d'Angoulême, souhaite la bienvenue aux délégués étrangers et remercie leurs organisations d'avoir bien voulu répondre à l'initiative prise par le syndicat d'Angoulême en vue de la création de la Fédération; il invite les délégués à constituer le bureau de la réunion.

Le citoyen Lamotte, de Sevran-Livry, est désigné comme président; comme secrétaire, le citoyen Treuiller propose le citoyen Navarre, secrétaire de la Bourse du Travail. Quoique ne faisant pas partie de notre corporation, ce camarade pourra nous être utile s'il est nécessaire de faire des communications, à la presse notamment. La proposition du citoyen Treuiller est adoptée et le citoyen Navarre désigné comme secrétaire.

VÉRIFICATION DES POUVOIRS

Le Congrès procède lui-même à la vérification des pouvoirs de ses membres, laquelle ne donne lieu à aucune observation. Sevran-Livry. 100 sociétaires. a droit à 5 voix, et est représenté par les citoyens Lamotte et Paulé; Saint-Médard, 140 sociétaires, a droit à 7 voix et est représenté par le citoyen Lair; Toulouse, 50 sociétaires, a droit à 2 voix et est représenté par le citoyen René; Angoulême, 183 adhérents, a droit à 9 voix et est représenté par les citoyens Noé, Bouyer, Quillet, Bernard (Pierre), Rougier (Victor), Delâge, Panetier et Talbot; Lille, 25 adhérents, a droit à 1 voix et est représenté par le citoyen Treuiller; Marseille. 9 adhérents, a droit à 1 voix et est représenté par le citoyen Lemasson. Le Congrès est donc composé de 14 délégués représentant 507 travailleurs.

STATUTS

Le Congrès aborde la discussion des statuts en prenant pour base le projet élaboré par Angoulême et communiqué un mois auparavant à tous les établissements avec lesquels il était en rapport.

ARTICLE PREMIER. — Entre tous les syndicats ouvriers des poudres et salpêtres, il est formé une Union d'appui mutuel et d'étroite solidarité. qui prend pour titre : Fédération nationale des Travailleurs des Poudres et Salpêtres. Cet article, qui consacre le principe de la Fédération, est adopté à l'unanimité.

ART. 2. — Le siège de la Fédération est fixé par le

Congrès corporatif dont il sera ci-après parlé ; le local en est choisi par le Comité fédéral.

Le citoyen Lamotte demande au nom du syndicat de Sevran-Livry que le siège de la Fédération soit changé chaque année : chaque société adhérente apportera ainsi au but commun poursuivi une même somme de dévouement.

Le citoyen Lair, de Bordeaux, est de cet avis, mais à la condition que le syndicat désigné en accepte la charge.

Le citoyen Lamotte propose le tirage au sort pour désigner le siège fédératif.

Le citoyen Paulé insiste pour le changement annuel du Congrès.

Le citoyen Treuiller ne croit pas le tirage au sort pratique, le syndicat désigné peut ne pas être en mesure d'accepter la lourde tâche qui lui serait ainsi imposée. Le citoyen Navarre pense qu'on pourrait agir ainsi.

Le Congrès a lieu cette année à Angoulème, donc le le siège de la Fédération sera à Angoulème.

Nous tirerons au sort les villes actuellement syndiquées. Trois mois au moins avant le prochain Congrès, le Comité fédéral demandera au syndicat premier sorti s'il est en mesure d'organiser le Congrès et d'assurer la charge de la Fédération ; s'il répond non, ou s'il ne répond pas dans le délai fixé, le Comité fédéral passera au suivant. Cette marche à suivre est adoptée, et le Congrès adopte la rédaction suivante :

Article 2. — Le siège du Congrès et de la Fédération est changé tous les ans, il est désigné à tour de rôle par la voie du tirage au sort auquel prennent seuls part les syndicats fédérés et sous réserve de l'acceptation du syndicat désigné. Le local en est choisi par le Comité fédéral.

Art. 3. — Le but de la Fédération est d'unir nos forces générales afin d'arriver à l'affranchissement de tous ceux qui travaillent. Au point de vue de la corporation, elle détermine ainsi qu'il suit les grandes lignes de son programme d'action :

1° *Unification des soldes.* — Le citoyen Lemasson demande sur quelles bases on entend faire l'unification des soldes. Il y a dans les poudreries des ouvriers gagnant 6 francs par jour : si on fait l'unification à 4 francs, ils seront lésés.

Le citoyen Quillet répond que cette unification s'entend pour les ouvriers de la fabrication et non pour les ouvriers d'art qui sont en dehors.

Le citoyen Noé estime que nous devons nous borner à demander cette unification après un an de service si nous voulons réussir.

Le citoyen René propose après deux ans.

Le citoyen Paulé. — Nous avons besoin d'aller doucement et ne pas demander l'impossible; petit à petit, nous obtiendrons ce que nous voulons.

Le citoyen Lair ne trouve pas notre demande d'unification des soldes exagérée.

Le citoyen Navarre demande aux délégués s'ils ont l'intention de présenter immédiatement leurs revendications contenues dans l'article 3; si oui, il faut en discuter tous les détails; sinon, si vous estimez avec moi qu'il importe avant tout de grouper la majeure partie des poudreries, il faut vous en tenir au but général.

Le citoyen Treuiller insiste dans le même sens; nous discutons nos statuts et non des revendications à présenter au ministre.

Le citoyen Lair persiste à demander qu'on ajoute au paragraphe premier ces mots : « Après un an de présence.»

Le citoyen Lamotte dit qu'à Sevran on entre à 3 fr. 80 et qu'on ne passe à 4 francs qu'un an après.

Le citoyen Paulé objecte qu'on passe à 4 francs lorsqu'on est habile ; après six mois quelquefois, ou après un an ou dix-huit mois même.

Le citoyen Navarre est d'avis d'éviter de mettre des détails dans les statuts.

Le texte du paragraphe premier proposé par Angoulême est maintenu.

2° *Commissionnement obligatoire après un an de service.* — Le citoyen Lair demande ce que l'on entend par commissionnement ; dans certains arsenaux, une partie du personnel est classée, mais non à titre définitif.

Le citoyen René propose de demander seulement l'assimilation aux commissionnés.

Le citoyen Paulé ne croit pas qu'on puisse demander le classement après un an de service.

Le citoyen Lamothe dit avoir vu des hommes classés après six mois, mais ceux-là étaient les protégés de l'inspecteur en chef.

Le citoyen Paulé. — Le gouvernement veut seulement une moyenne de classés, nous ne pouvons donc demander qu'à être assimilés.

La proposition du citoyen René est adoptée et le paragraphe deuxième est ainsi rédigé :

« Assimilation obligatoire aux commissionnés après un an de service. »

3° *Retraite obligatoire après vingt ans de service, sans condition d'âge et sans retenue de traitement. Mise à la retraite d'office des ouvriers ayant atteint cette limite.* — Le citoyen Lair demande que la retraite ne soit acquise qu'après vingt-cinq ans de service, mais en y comprenant les années de service militaire.

Le citoyen Lamotte objecte qu'en votant la proposition de ce paragraphe on travaille pour ceux qui nous combattent, pour les classés. Pour lui, il ne le votera pas.

Le citoyen Lair répond : « Nous n'avons pas à nous arrêter à ces mesquineries ; nous demandons une chose juste, si elle profite aux classés, tant mieux pour eux. »

La proposition du citoyen Lair, portant droit à la retraite, après vingt-cinq ans de service, y compris le service militaire, est adoptée.

Les citoyens Noé, Lair et René demandent le retrait de la phrase demandant la mise à la retraite d'office.

Le citoyen Noé explique sa proposition. Si un camarade ne possède rien lorsqu'il est mis à la retraite, 300 fr. lui seront absolument insuffisants pour vivre. Nous devons au contraire lui faciliter de gagner sa vie, l'admettre au droit au travail.

Le citoyen Treuiller. — En tenant ce langage, vous êtes en complet désaccord avec les principes que vous avez soutenus jusqu'ici. Pour tourner la difficulté, nous avons demandé à être assimilés aux classés. Or, est-il admissible que ceux qui ont une retraite de 700 fr. tiennent la place d'un jeune, le privant ainsi de travail ?

Le citoyen Navarre. — Pour donner satisfaction aux divers orateurs, il suffirait d'inscrire dans le paragraphe 3 un minimum de retraite de 600 fr., par exemple.

La proposition Navarre est adoptée et le paragraphe en discussion ainsi rédigé :

« Retraite obligatoire de 600 fr. au minimum, après vingt-cinq ans de service, y compris les années de service militaire, sans condition d'âge et sans retenue de traitement. Mise à la retraite d'office des ouvriers ayant atteint cette limite. »

4° Retraite propotionnelle à tout ouvrier quittant un établissement, congédié ou non. — Adopté.

5° En cas d'incapacité de travail constatée, retraite intégrale et immédiate, sans préjudice de l'indemnité qui pourra être due pour blessures, indemnité etc. — Adopté.

6° *Demi-solde aux malades, solde entière aux blessés.* — Le citoyen Treuiller dit que nos camarades de Marseille font observer, avec juste raison, que le paragraphe 6 devient inutile par l'adoption du paragraphe 2. Si nous sommes assimilés aux classés, en effet, nous aurons droit aux soldes réclamées. Néanmoins, il croit bon de conserver le paragraphe en le faisant précéder des mots : « En attendant l'assimilation. » La proposition Treuiller est adoptée, le paragraphe 6 est donc ainsi rédigé :

« En attendant l'assimilation, demi-solde aux malades, solde entière aux blessés. »

7° *Réduction de la journée de travail, sans diminution de salaire; un jour de repos par semaine dans tous les services.* — Le citoyen Treuiller. — Notre premier devoir doit être de demander la diminution des heures de travail pour permettre aux nombreux chômeurs de s'occuper, et d'augmenter notre salaire. Mais ce n'est là qu'une tendance qu'il est bon d'énoncer dans nos statuts. Assurément, nous n'allons pas demander immédiatement la réalisation de ces désirs.

Le citoyen Lamotte dit que le syndicat de Sevran-Livry n'est pas partisan de la diminution des heures de travail. Nous faisons, dit-il, dix heures de travail en été. L'hiver, nous allons du jour au jour. Nous ne pouvons donc aller réclamer à notre directeur, lequel nous ferait alors travailler dix heures en hiver.

Le citoyen Lair ne trouve pas le paragraphe 7 absurde. Bien au contraire, c'est un réel soulagement qui sera apporté aux travailleurs. Il y a huit jours, le président du conseil lui-même a reconnu qu'on devait réduire les heures de travail.

Le citoyen Noé. — Cette réduction est humanitaire, puisqu'elle nous permet de faire occuper des camarades.

Le citoyen Paulé dit qu'à la poudrerie d'Angoulême ce sont plutôt des mercenaires que des ouvriers qu'on emploie. En la visitant, il a été péniblement surpris de voir leur accoutrement singulier, qui avec un pantalon rouge, qui avec une veste bleue, etc.

Le citoyen Navarre. — Ce n'est pas une raison, si les camarades de Sevran-Livry n'ont rien à revendiquer au point de vue des heures de travail, pour ne pas en inscrire le principe dans les statuts ; ce n'est pas là, en effet, simple affaire au syndicat. Si l'un de ceux-ci, plus mal partagé que l'autre, fait des démarches infructueuses auprès de son directeur, il faut permettre à la Fédération de prendre sa cause en main et d'en poursuivre la réalisation auprès de qui de droit.

Le citoyen Treuiller. — La théorie de nos camarades de Sevran-Livry d'aller du jour au jour l'hiver est mauvaise. Et si leur directeur les faisait aller du jour au jour l'été ?

Le citoyen Lamotte. — Mais on devrait alors vous gratifier les heures supplémentaires, la journée de dix heures entendue.

La partie du paragraphe 7 demandant la réduction de la journée de travail sans diminution de salaire est adoptée, et on passe à la deuxième partie réclamant un jour de repos par semaine.

Le citoyen Treuiller dit que le travail du dimanche est du travail supplémentaire et que nous devons combattre le travail supplémentaire.

Le citoyen Lamotte. — A Sevran-Livry, le personnel

est divisé en deux catégories ; l'une travaille le dimanche, l'autre pas. Or, la deuxième demande précisément
à travailler le dimanche. Il ne pourra donc voter cette
deuxième partie du paragraphe 7, quoique en étant
partisan.

Le citoyen Lair ne comprend pas bien cette distinction.

Le citoyen Delâge insiste pour un jour de repos par
semaine.

Le citoyen Paulé abonde dans le même sens.

Le citoyen Lamotte. — Ceux qui à Sevran-Livry
demandaient à travailler le dimanche ont essuyé un
refus du directeur, motivé par le manque d'argent.
Ailleurs, nos collègues ont sans doute un jardinet pour
se distraire. Nous, nous sommes obligés de rester tout
le dimanche à la maison, et c'est là ce qui, sans nul
doute, a motivé le vote de notre syndicat qui a donné
mandat de voter contre.

La partie du paragraphe 7 portant un jour de repos
par semaine dans tous les services est adoptée à l'unanimité, moins la voix du citoyen Lamotte. Celui-ci fait
alors remarquer au citoyen Paulé qu'il s'expose à se
faire blâmer par le syndicat, qui lui a donné mandat
de voter contre.

Le citoyen Paulé reconnaît la justesse de cette observation et rectifie son vote en ce sens.

Le paragraphe 7 est adopté tel qu'il était proposé par
le syndicat d'Angoulême : Suppression absolue du marchandage, des amendes et des mises à pied.

Le citoyen Lemasson proteste contre la suppression
des mises à pied, contraire à l'intérêt des ouvriers. Si
l'administration est désarmée, au lieu de mettre à pied,
elle mettra à la porte. Il propose de dire que l'administration ne pourra infliger des mises à pied que pour
huit jours au maximum et après trois observations.

Le citoyen Noé est d'avis que nous n'obtiendrons jamais la suppression des mises à pied. Depuis la suppression des amendes. on nous inflige des rétrogradations de classe, ce qui est indéfini et bien plus grave pour nous.

Le citoyen Lair est du même avis. Il demande la suppression du marchandage seulement.

La suppression du marchandage est adoptée.

Le citoyen Lamotte demande l'adoption intégrale du paragraphe. Il est inadmissible de laisser aux directeurs le droit de vous frapper dans vos salaires.

Le citoyen Treuiller. — Puisque nous avons demandé à être assimilés aux classés, si on nous l'accorde, le ministre seul aura le droit de nous frapper.

Le Congrès décide de ne demander que la suppression des descentes de classes et adopte la rédaction suivante :

« Suppression absolue du marchandage et des descentes de classes. »

Art. 4. — La Fédération accordera son appui moral et pécuniaire à tout syndicat adhérent ayant à soutenir contre l'administration des réclamations particulières. — Adopté.

Art. 5. — Les syndicats adhérents conservent leur autonomie en tout ce qui n'est pas contraire aux présents statuts et aux décisions du Congrès corporatif. — Adopté.

Art. 6. — Sont admis à la Fédération tous les syndicats ouvriers des poudres et salpêtres, quel que soit le nombre de leurs adhérents. — Adopté.

Art. 7. — Sont exclus : les syndicats admettant dans leur sein les chefs ouvriers et contre-maîtres commissionnés, et ceux qui, par refus de solidarité, pourraient nuire au programme de la Fédération. — Adopté.

Art. 8. — Les exclusions ne peuvent être prononcées que par le Congrès. — Adopté.

Art. 9. — Les syndicats exclus pourront être admis de nouveau en justifiant que les causes qui les avaient fait exclure n'existent plus. — Adopté.

Art. 10. — Les syndicats fédérés s'engagent à verser une cotisation de 0 fr. 50 par adhérent et par trimestre. Ils doivent le trimestre entier dans lequel ils sont admis.

Le citoyen Lamotte dit que le syndicat de Sevran-Livry propose de réduire la cotisation trimestrielle à 0 fr. 25 cent., somme qu'il juge suffisante pour pourvoir aux frais nécessités par la Fédération.

Le citoyen Navarre explique pourquoi le syndicat d'Angoulême propose 0 fr. 50 cent. Son projet, ainsi qu'il est dit aux articles 22 et suivants, est de publier un bulletin officiel mensuel, dès que le nombre des fédérés sera assez grand pour le permettre, en prélevant 0 fr. 10 cent. par mois et par fédéré sur la cotisation fédérale.

Or, si Sevran-Livry accepte le bulletin, il lui faut également accepter une cotisation suffisante pour en solder les frais.

Le citoyen Lair ne voit pas pourquoi on ne verserait pas 0 fr. 50 cent. par trimestre. Ce serait autant de moins dans les caisses syndicales, sans doute ; mais, puisque nous nous déclarons solidaires, si Sevran-Livry, par exemple, a besoin, la Fédération lui viendra en aide. Le citoyen Lamotte regrette de ne pas voir sa proposition acceptée. Nous sommes venus ici avec un mandat formel. Si on repousse toutes nos propositions, dit-il, notre syndicat se verra dans l'obligation de ne pas adhérer à la Fédération.

Le citoyen Treuiller fait observer qu'il faut bien

pourtant s'incliner devant la majorité. En tout cas, le Congrès a déjà accepté une proposition de Sevran-Livry, ce qui prouve qu'il n'y a pas de parti pris.

Le citoyen Lair. — Si on admet que la majorité donne des compensations, je demanderai à mon tour qu'on accorde à mon syndicat un vote favorable à sa demande des heures supplémentaires payées double.

Le citoyen Treuiller. — Nous avons ici demandé la suppression totale du travail supplémentaire, et nous espérons que le Congrès ne nous démentira pas en acceptant le travail supplémentaire, fût-il gratifié.

Le citoyen Navarre, pour donner satisfaction au syndicat de Sevran-Livry, propose de décider que la cotisation fédérale sera de 0 fr. 25 cent. par trimestre et par adhérent, mais qu'elle sera élevée à 0 fr. 50 cent. du jour où le Comité central aura reconnu la possibilité de créer le bulletin officiel en prélevant 0 fr. 10 cent. par mois et par fédéré sur cette cotisation. La proposition Navarre est adoptée. Et l'article 10 est ainsi rédigé :

Art. 10. — Les syndicats fédérés s'engagent à verser une cotisation de 0 fr. 25 cent. par adhérent et par trimestre. Ils doivent le trimestre entier dans lequel ils sont admis. Cette cotisation sera élevée à 0 fr. 50 cent. par adhérent et par trimestre, aussitôt l'apparition du bulletin officiel prévu aux articles 22 et suivants.

Art. 11. — La Fédération est administrée par un Comité fédéral composé de quinze membres élus par le Congrès parmi les membres de la ville désignée par le Congrès comme siège de la Fédération. Le Congrès élit, en outre, dix membres suppléants destinés à combler les vacances qui seraient susceptibles de se produire dans le Comité.

Le citoyen Treuiller trouve que le nombre des membres du Comité fédéral et celui des suppléants est trop élevé. Dans la majeure partie des syndicats, il sera difficile de trouver vingt-cinq membres disposés à accepter ces fonctions. Il propose sept membres et cinq suppléants. La proposition du citoyen Treuiller est adoptée.

Le citoyen explique ensuite qu'il y a lieu de changer quelques mots en raison de décisions déjà prises.

La rédaction de l'article 11 est ainsi adoptée :

Art. 11. — La Fédération est administrée par un Comité fédéral composé de sept membres élus par le Congrès parmi les syndiqués de la ville désignée comme siège de la Fédération.

Le Congrès élit en outre cinq membres suppléants destinés à combler les vacances qui seraient susceptibles de se produire dans le Comité.

Art. 12. — Le Comité fédéral choisit dans son sein : un secrétaire général, un secrétaire aux procès-verbaux, un trésorier, un trésorier adjoint, un bibliothécaire archiviste. — Adopté.

Art. 13. — Ces fonctions sont gratuites. Néanmoins, une indemnité pourra être accordée au fonctionnaire qui aurait perdu du temps pour exécuter une mission ordonnée par le Comité. — Adopté.

Art. 14. — Le trésorier est dépositaire des fonds. Néanmoins, il ne pourra conserver en caisse, sans urgence reconnue par le Comité, une somme supérieure à 100 francs; le surplus sera versé à la caisse d'épargne postale ou employé en achat de valeurs sur l'État. — Adopté.

Art. 15. — Le Comité fédéral est responsable de ses fonctionnaires; ainsi il nomme parmi ses membres trois commissaires chargés du contrôle financier et administratif. Les contrôleurs tiennent notamment la main à ce que les registres des procès-verbaux soient

constamment à jour; ils vérifient si le secrétaire général transmet sans délai toutes les lettres qu'il est chargé
d'écrire; ils se rendent chez le trésorier, contrôlent les
livres et se font présenter l'argent en caisse. Ils rendent
compte de leur mandat au moins une fois tous les trois
mois au Comité fédéral. — Adopté.

ART. 16. — Chaque année, dans le commencement
de juillet, le Comité fédéral organise un Congrès dans
la localité où il siège.

Le citoyen Navarre fait observer qu'à la discussion
de l'article 2, il a été décidé que le siège du Congrès et
de la Fédération serait fixé par voie de tirage au sort.
Il y a donc lieu de reviser l'article 16 dans ce sens.

Le citoyen René propose que le Congrès ait lieu en
mai. Cette année, il nous faut être modestes dans nos
revendications.

Le citoyen Lamotte abonde dans le même sens.
Soyons modérés, mais en mai prochain, le calme
étant rétabli, nous, travailleurs, nous parlerons carré-
ment.

Le citoyen Navarre dit que d'ici le mois de mai, le
Comité fera tous ses efforts pour amener la création de
nouveaux syndicats et développer ainsi la puissance de
la Fédération. A ce moment, un nouveau Congrès sera
fructueux. Toutefois, il ne faut pas lier le Comité et lui
permettre, selon les circonstances, d'avancer ou de
retarder le Congrès, sauf approbation des syndicats
adhérents.

Cette proposition est adoptée.

L'article 16 est ainsi rédigé :

Art. 16. — Le Congrès se réunit chaque année
dans le courant du mois de mai. Toutefois, le Comité
central pourra l'avancer ou le retarder, selon les circonstances, sauf approbation des syndicats fédérés.

Le deuxième paragraphe du même article est maintenu tel qu'il est proposé :

Ce Congrès est composé par les délégués des syndicats fédérés à raison d'un délégué par vingt adhérents. Chaque délégué a droit à une voix. Toutefois, si le syndicat ayant droit à plusieurs délégués n'a pu en envoyer qu'un, celui-ci aura droit à autant de voix que le syndicat compte de fois vingt adhérents. Si des syndicats n'avaient pas les fonds suffisants, ils pourraient se faire représenter par des membres du syndicat où sera désigné le siège du Congrès.

ART. 17. — Le Congrès commence ses travaux par la vérification des pouvoirs, le contrôle de la gestion administrative et financière du Comité fédéral, puis il fixe l'ordre du jour.

Cet ordre du jour comprend toutes les questions posées par les syndicats dans les délais fixés par une décision du Comité fédéral.

L'ordre du jour définitif doit être communiqué par le Comité deux mois au moins avant la tenue du Congrès. — Adopté.

ART. 18. — En cas d'urgence absolue, le Comité fédéral peut convoquer un Congrès extraordinaire. — Adopté.

ART. 19. — Un Congrès extraordinaire est obligatoire s'il est demandé par la moitié plus un des syndicats fédérés. — Adopté.

ART. 20. — Dans l'intervalle des Congrès, le Comité fédéral peut soumettre les questions urgentes au vote des syndicats. — Adopté.

ART. 21. — Le Congrès a seul qualité pour apporter des modifications aux statuts. — Adopté.

ART. 22. — Le Comité fédéral publiera un journal corporatif mensuel aussitôt que le nombre des fédérés permettra de couvrir les frais de cette publication en prélevant 10 centimes par mois et par fédéré sur les cotisations fédératives.

Le citoyen Navarre dit qu'en présence de la rectification apportée à l'article 10, il y aurait lieu d'ajouter à l'article 22 ces mots : « Lesquelles dans ce cas seraient portées à 50 centimes par trimestre, comme il est prévu à l'article 10. »

L'article 22 est adopté avec l'ajouté demandé par le citoyen Navarre.

Art. 23. — Ce journal sera distribué gratuitement à tous les fédérés.

Il contiendra deux parties : la première, officielle, contiendra les communications du Comité fédéral et celles des syndicats adhérents; la deuxième, non officielle, des articles d'ordre corporatif et économique émanant des fédérés. — Adopté.

Art. 24. — L'organisation et l'administration du journal appartiendront au Comité fédéral en fonctions ou à ses mandataires; dans ce dernier cas, toutes responsabilités restent au Comité. — Adopté.

Art. 25. — En attendant la publication du journal, le Comité fédéral rendra compte de ses travaux, au moins une fois tous les trois mois, au moyen de circulaires à tous les fédérés.

Afin d'éviter des frais au Comité fédéral, le Congrès rectifie la fin de cet article, qu'il adopte ainsi :

Art. 25. — En attendant la publication du journal, le Comité fédéral rendra compte de ses travaux, au moins une fois tous les trois mois au moyen de circulaires adressées à tous les fédérés par les soins de leur syndicat respectif.

L'ensemble des statuts fédératifs est adopté à l'unanimité.

Le Congrès procède au tirage au sort, conformément à l'article 2. pour désigner la ville où se tiendra le Congrès de 1895. et où sera le siège de la Fédération de mai 1895 à mai 1896. Ce tirage a lieu entre les syndicats existants. Angoulême exclu, cette ville étant désignée par le Congrès comme siège fédératif jusqu'en mai prochain. Ces syndicats sortent dans l'ordre suivant : 1° Toulouse ; 2° Sevran-Livry ; 3° Saint-Médard.

En conséquence. et sauf adhésion du syndicat intéressé, Toulouse est désignée comme siège du Congrès et de la Fédération en 1895.

Le citoyen Treuiller ne croit pas que nous devions nous séparer sans étudier à fond au moins une de nos revendications que nous soumettrions à l'approbation de l'administration. Selon lui, une question est d'urgence absolue : celle des retraites. Nous pourrions demander immédiatement notre assimilation aux classés. De cette façon. si elle était admise. nous aurions la retraite assurée.

Le citoyen Lamotte. — Malgré notre assimilation, nous serons toujours au même point. Il y a des assimilés actuellement. Eh bien. ils sont obligés de faire leurs versements à la caisse de vieillesse au lieu de les faire à la caisse civile.

Le citoyen Noé propose de demander la demi-solde après vingt-cinq ans de services (service militaire compris) et d'abandonner à l'Etat nos versements déjà opérés.

Le citoyen Quillet. — Dans notre réclamation. nous pourrions établir des points de comparaison avec les autres ouvriers de l'Etat, et démontrer ainsi que nous sommes les plus mal partagés. Les ouvriers des manufactures de tabac, par exemple. ont une retraite de 700 francs à soixante ans d'âge.

Le citoyen Treuiller. — Ce sont les auxiliaires des tabacs qui touchent cette somme. Nous pourrions également faire observer au ministre cette anomalie flagrante : que les anciens, qui ont versé tout toucheront peu, alors que les jeunes, qui n'auront versé que la moitié, toucheront bien davantage.

Le citoyen Lamotte cite comme exemple la pension ridicule qui est allouée. Il connait un pauvre vieux ayant vingt-un ans de services, ayant versé au début 100 francs et plus par an. Eh bien, sa femme et lui ont 250 francs de pension. Et encore, si sa femme meurt avant lui, il ne touchera plus que la moitié de cette somme modique.

Le citoyen Noé se prend pour exemple. Il a quinze ans de services ; s'il se retirait aujourd'hui, il toucherait 46 francs de pension.

Le citoyen Lair dit que cette question des retraites est très compliquée et demande un sérieux examen. Il propose de laisser au Comité fédéral le soin de l'étudier, de demander l'avis des syndicats adhérents et de la soumettre ensuite à l'administration au nom de la Fédération.

La proposition du citoyen Lair est adoptée.

Le syndicat de Toulouse soumet diverses revendications à l'examen du Congrès :

1° Les auxiliaires demandent la répartition des commandes de poudre entre toutes les poudreries proportionnellement au personnel.

Le Congrès approuve absolument cette revendication qui est très justifiée par les précédents. Il y a quelques années, pour se débarrasser d'un homme à Angoulême, on a retiré d'ici, pour l'envoyer à Toulouse, une commande de 300,000 kilos, sacrifiant ainsi une centaine d'ouvriers.

2° Nous demandons que les motifs de renvois soient bien avoués, que ce soit pour ralentissement du travail, désobéissance, vol, propos, dilapidation au préjudice de l'établissement, de façon que nous n'ayons pas à récrier, comme par le passé, contre les injustices que nous avons eu à subir de l'administration. — Repoussé.

Le paragraphe 4 a trait à l'unification des retraites. Le Congrès passe outre, ayant déjà traité cette question et donné satisfaction aux camarades de Toulouse.

5° Nous demandons que les auxiliaires renvoyés pour cause de ralentissement de travail soient réintégrés dans d'autres ateliers de la guerre. — Adopté.

6° Salaire de 4 francs accordé après un an de service dans les poudres à tous les ouvriers employés à la fabrication; 4 fr. 50 à tous les auxiliaires de première classe et 3 fr. 50 aux manœuvres.

Les diverses poudreries ayant déjà fait une réclamation dans le même sens, réclamation encore en instance devant le ministère de la guerre, le Congrès décide de passer outre.

Sur la proposition du citoyen Noé, le Congrès procède à la nomination des membres du Comité fédéral et des suppléants.

Sont nommés membres du Comité fédéral : les citoyens Quillet, Pierre Bernard, Rougier, Lemasson, Noé, Broussard et Pannetier.

Sont nommés suppléants : les citoyens Talbot, René, Bonyer, Peyrinaud et Lambert.

Le citoyen Treuiller observe que le Comité fédéral qui vient d'être nommé n'a naturellement aucun fonds à sa disposition. Il est donc indispensable que les délégués insistent auprès de leurs syndicats respectifs pour qu'ils envoient leurs cotisations sans aucun retard. C'est là une chose nécessaire, si on veut que le Comité puisse mener à bien la lourde tâche qui lui a été confiée.

Le citoyen Lair demande que le compte-rendu des travaux soit envoyé le plus tôt possible aux syndicats adhérents.

Le citoyen Navarre explique que le procès-verbal sera naturellement fort long. Il n'est pas possible d'en faire une copie pour chaque syndicat. Il propose l'envoi d'un exposé sommaire des décisions prises.

Le citoyen Lair se range à cette proposition qui est adoptée.

Le citoyen Lair propose que le Comité fédéral soit chargé de faire une propagande active dans toutes les poudreries.

Le citoyen Navarre appuie et dit que c'est là l'œuvre principale du Comité pour les débuts de la Fédération. Il doit, par correspondance ou par délégation, amener à la nouvelle organisation tout ce que les poudreries contiennent de citoyens soucieux de leur dignité et de leur avenir. Pour éviter des frais, le Comité fédéral pourra charger le syndicat le plus proche de la poudrerie d'organiser l'envoi d'un délégué.

La proposition du citoyen Lair est adoptée.

Le citoyen Navarre propose au Congrès d'émettre un vœu en faveur de la réintégration du citoyen Treuiller, victime de son dévouement aux idées syndicales et fédératives. — Adopté.

Le citoyen Navarre demande si on communiquera à la presse les décisions prises par le Congrès.

Le citoyen Bernard dit que c'est indispensable.

Le Congrès se range à cet avis. Les citoyens Navarre, René, Quillet et Noé sont chargés de la rédaction de cette note, qui sera envoyée aux principaux journaux.

Le Congrès est clos par les cris de : « Vive la Fédération ! »

La séance est levée à 5 h. 30.

Le Rapporteur,
EDGARD RENÉ.

DEUXIÈME SESSION

PREMIÈRE SÉANCE

Neuf poudreries sont représentées, formant un total de mille syndiqués.

Savoir :

Angoulême, par les citoyens René et Noé; Saint-Ménard, par les citoyens Tressens et Lair; Sevran-Livry, par les citoyens Bouvet et Louges; Saint-Chamas, par les citoyens Branque et Marcel; Lille, par le citoyen Gaubert; Marseille, par le citoyen Tranier; Saint-Ponce (Ardennes), par le citoyen Martin; Vonges, par les citoyens Lacombe et Thomas; Toulouse, par les citoyens Tap, Cabot, Louge, Paul.

A 8 heures du matin, le citoyen Branque ouvre la séance, souhaite la bienvenue aux délégués étrangers, forme le vœu que la plus parfaite harmonie ne cesse de régner parmi les délégués pendant la durée du Congrès, que chacun aura à cœur et se pénétrera du devoir qui lui incombe en remplissant dignement le mandat que nos camarades de travail nous ont confié, afin que chaque délégué, retournant dans son syndicat respectif, puisse dire fièrement à ses camarades de misère que le Congrès a été à la hauteur de sa tâche en

travaillant sans trêve ni repos pour rechercher les voies
et les moyens d'améliorer la triste situation faite aux
travailleurs et employés auxiliaires des poudreries et
raffineries de France.

Le citoyen Branque engage les délégués à choisir,
pour présider les séances du Congrès, les délégués
étrangers à la ville de Toulouse.

Le citoyen Lair, de Saint-Ménard, est acclamé président.

Il est procédé à la vérification des pouvoirs qui ne
fait l'objet d'aucune discussion.

Le citoyen René, d'Angoulême, secrétaire général de
la Fédération, donne lecture des procès-verbaux des
séances du Congrès de la formation de la Fédération
des poudreries et raffineries de France, tenu à Angoulême en 1894, à la Bourse du Travail, et dans des
détails très précis rend compte des résolutions prises
et des articles adoptés audit Congrès.

Cette première lecture concernant les discussions des
séances du premier Congrès n'étant faite que pour faire
connaître aux délégués les résolutions finales adoptées par le Congrès d'Angoulême n'offre et ne doit
offrir aucune discussion, étant donné que le Congrès
de Toulouse n'a pas mandat de discuter les décisions
prises par le Congrès de 1894; il se réserva toutefois le
droit à la discussion des articles portés à l'ordre du
jour de la Fédération, et chaque délégué aura le
droit de développer les modifications que chaque syndicat a donné mandat à son délégué de faire annexer
à l'ordre du jour du Congrès.

Après quelques observations amicales de la part des
délégués, le citoyen René donne lecture de la correspondance échangée par la Fédération et les syndicats
fédérés ou en voie de formation.

De cette longue lecture bien classée par le secrétaire général René, celle qui offre le plus d'intérêt c'est la lecture de deux lettres de l'ancien secrétaire général de la Fédération donnant de bons conseils aux délégués présents au Congrès de Toulouse. Ce vaillant citoyen, victime de son dévouement à la cause syndicale et des basses vengeances de la part de la direction d'Angoulême, est vivement pris en estime par tous les délégués.

Le Congrès félicite aussi le syndicat d'Angoulême de ne pas avoir abandonné ce digne camarade, d'avoir pris sa cause en mains, et, aidé en cela par son dévoué député Gilibert des Séguins, d'avoir été assez heureux pour faire réintégrer ce camarade, non à la poudrerie d'Angoulême où sa situation n'était plus tenable, mais à celle de Saint-Ponce (Ardennes). Voilà, citoyens, un bel acte de solidarité dont tous les syndicats doivent s'inspirer, car dans la lutte que nous avons à soutenir chaque jour pour la défense de nos intérêts, bien d'autres camarades tomberont sur la longue route que nous avons à parcourir pour la conquête de nos justes et légitimes revendications. Il faut que chaque citoyen apporte aux syndicats toute sa bonne volonté, son maximum de dévouement et soit animé de l'esprit de solidarité. Quoique le capital cherche à endiguer le progrès syndical, nous pouvons vous assurer, citoyens, que la victoire ne se fera pas longtemps attendre, étant donné surtout les grands progrès qui s'accomplissent chaque jour dans le prolétariat. C'est par cette entente collective de travailleurs fatigués d'être soumis chaque jour aux vexations de leurs chefs ou patrons, et soumis à des règlements iniques qui font d'eux de véritables esclaves entre les mains de ceux qui les emploient ou les dirigent, que la victoire sera obtenue.

Une fois l'union faite et bien comprise, chaque citoyen, chaque exploité aura à cœur de vouloir donner son coup de pic ou de bêche à l'édifice capitaliste déjà bien vermoulu et craquant de toute part, de le démolir et d'écraser pour toujours ce microbe social, et c'est sur ces débris que nous asseoirons nos revendications sociales.

Le Congrès applaudit. Après lecture faite de la lettre du syndicat de Saint-Chamas, de création toute récente, adhérant à la Fédération, le citoyen René donne des détails sur la correspondance avec ce syndicat. Le citoyen Branque, ayant vécu longtemps au milieu d'eux, assure le Congrès que le syndicat de Saint-Chamas marchera toujours à l'avant-garde de la Fédération et se déclare heureux d'avoir coopéré un peu à sa création, ayant passé quelques jours, avec eux à son retour du Congrès des conseillers prudhommes de France, tenu à Lyon en 1894.

Le Congrès le félicite aussi d'avoir pris pour devise du syndicat la devise internationale des travailleurs : *Travailleurs de tous pays, unissez-vous.*

La correspondance échangée entre la Fédération et le ministre de la guerre donne lieu à quelques observations de la part de plusieurs délégués.

Le rapporteur ne croit pas utile — et pour cause ! — de la commenter.

Après un échange d'observations, le Congrès, à l'unanimité, vote des félicitations au Comité fédéral et en particulier au citoyen René, pour le dévouement qu'il n'a jamais cessé de mettre au service de la Fédération, regrettant que le règlement ou les statuts ne lui permettent pas de conserver les fonctions de secrétaire-général de la Fédération qu'il a si dignement remplies.

Le citoyen René demande de se conformer, pour les

votes, au règlement adopté par le Congrès d'Angoulême, c'est-à-dire que chaque délégué aura droit à une voix par vingt ouvriers syndiqués.

Le citoyen Branque ne trouve pas ce système de vote démocratique; il est repoussé par tous les Congrès comme peu équitable et humiliant pour les syndicats ayant peu d'adhérents; mais voyant l'accord complet qui règne parmi les délégués présents au Congrès de Toulouse, il n'insiste pas, mais forme le vœu qu'au prochain Congrès les statuts soient revisés.

Après quelques observations faites par plusieurs délégués, ce mode de vote est maintenu.

Le citoyen Noé, trésorier de la Fédération, rend compte de sa gestion au Congrès.

Des félicitations lui son votées.

La séance est levée à 11 heures 50.

Le citoyen Branque, au nom de la Bourse de Toulouse, invite les citoyens délégués à assister, à une heure, à la distribution des prix aux élèves des cours professionnels de la Bourse du Travail de Toulouse, présidée par M. le maire et M. le préfet, au grand théâtre; des loges sont réservées aux délégués assistant au Congrès.

Les citoyens délégués se sont retirés à 2 heures 20 pour reprendre leurs travaux, enchantés et vraiment impressionnés d'avoir assisté à cette belle fête familiale.

DEUXIÈME SÉANCE

La séance est ouverte à 2 heures 30.

Le citoyen Noé est acclamé président.

Le citoyen René demande la parole et veut, dit-il, édifier le Congrès, avant d'aborder l'ordre du jour de la Fédération, sur les agissements du syndicat protestataire des ouvriers dissidents de la poudrerie d'Angoulême.

Ces quelques renégats croient, dit René, par leurs attaques déloyales autant que jésuitiques, se sentant appuyés par quelques brutes protections et des rancunes personnelles, semer ou jeter la division au sein de la Fédération.

Il faut, dit-il, par un ordre du jour motivé, faire connaître à tous les syndicats adhérents à la Fédération le rôle indigne qu'ils jouent comme de vrais et bons disciples de Loyola qu'ils sont; comme preuve et pièces à l'appui, le citoyen René donne lecture de quelques lettres adressées à ce citoyen par des membres dudit syndicat, écrites dans un style d'un cynisme révoltant, dont les délégués présents au Congrès se sont montrés vivement écœurés en voyant qu'il se trouve encore des camarades de misère cherchant tous les moyens possibles à enrayer tout progrès social en se faisant, de leurs seules volontés, les vils instruments de nos pires ennemis, en cherchant à discréditer les quelques citoyens que la confiance de leurs collègues ont placés à leur tête pour faire aboutir leurs justes revendications.

Avouez, camarades égarés, instruments inconscients des détracteurs des syndicats, ennemis et adversaires acharnés des revendications collectives, reconnaissez que vous faites de la mauvaise besogne contre l'intérêt général et contre votre propre intérêt : les réponses de tous les syndicats à votre lettre-circulaire les invitant à faire cause commune avec vous vous en ont donné les preuves, car tous vous ont appris qu'ils étaient imbus de l'esprit de solidarité, et tous ont blâmé votre attitude louche et rétrograde.

Ne savez-vous pas que ce n'est que par l'union de tous les travailleurs, union faite sous les plis du drapeau de la Fédération, que nous pourrons obtenir une amélioration à notre triste situation, et qu'en provoquant l'émiettement des forces collectives ouvrières vous faites le jeu de nos autocrates, qui voudraient nous tenir encore longtemps sous leur joug dominateur, arrogant, et nous humilier par leur brutalité insolente, par leurs exactions, leurs vexations et leurs injustices déloyales autant qu'inqualifiables?

Soyez assurés que malgré vos manœuvres nous resterons unis, et que l'œuvre au service de laquelle nous donnons notre dévouement aboutira malgré et contre vous. Et si parfois, comme c'est à prévoir, étant donné le mauvais vouloir de nos dirigeants vis-à-vis des classes travailleuses, les militants qui ont pris en main cette juste cause ne voyaient pas la réalisation de leurs justes droits, ils partiraient au moins avec le suprême espoir que leurs enfants récolteraient ce qu'ils auraient semé, c'est-à-dire qu'ils auraient fait leur possible pour qu'ils ne soient pas toute leur vie, comme eux, des bêtes de somme vendant leur sueur à vil prix au profit du capital, soit gouvernemental ou privé.

Après diverses observations de tous les délégués, l'ordre du jour suivant est adopté :

« Le Congrès, après avoir entendu les explications fournies par le citoyen René concernant les syndiqués dissidents d'Angoulême, les reconnaît indignes de porter le digne titre de syndiqués, confiant qu'ils seront chassés de l'Union des syndicats d'Angoulême, de ce sanctuaire du prolétariat qu'ils souillent et déshonorent par leur présence. »

Le présent ordre du jour est adopté à l'unanimité aux

cris de : A bas les vendus ! A bas les traîtres et les renégats !

Le citoyen Branque propose que le présent ordre du jour soit lu à la première réunion générale ou plénière de tous les syndiqués qui aura lieu à la Bourse du Travail d'Angoulême. — Adopté.

Le Congrès aborde ensuite l'ordre du jour : la discussion s'ouvre sur l'article premier.

Le citoyen Branque trouve que la rédaction, telle qu'elle est actuellement, n'est pas assez explicite et pourrait donner prise à certains malentendus qui pourraient être préjudiciables aux intéressés.

Le citoyen René répond que le Congrès d'Angoulême n'a adopté le présent ordre du jour des travaux du Congrès de Toulouse qu'après de longues études et après l'avoir longuement discuté au Congrès, mais qu'il n'a jamais été dans son intention de l'imposer *mordicus* au Congrès de Toulouse. Tous les délégués prennent part à la discussion de l'article premier, qui est la base du principe même des revendications adoptées par les Congrès.

Car, comment admettre sans protester cette injustice criante que, de deux ouvriers entrant le même jour dans une poudrerie, faisant le même travail, ayant ou du moins acquérant par la suite les mêmes connaissances techniques en matière de fabrication, ayant les mêmes devoirs à accomplir, assujettis aux mêmes règlements, assumant les mêmes responsabilités, l'un, par favoritisme ou par intrigue, soit classé après quelques années : de ce fait, pour celui-ci, augmentation de salaire, retraite bien plus élevée, travail continuellement assuré, étant payé au mois, pas de retenue pour les jours de congé et les jours de maladie.

Quant à l'autre, il restera continuellement auxiliaire, pourra être congédié du jour au lendemain, touchera un salaire insuffisant, une retraite dérisoire, vivra continuellement dans la crainte d'être, après vingt ou vingt-cinq ans de bons services donnés au profit de l'Etat, jeté sur le pavé même après avoir été brûlé, mutilé dans des explosions.

Quant aux ouvriers d'art, pourquoi ne seraient-ils pas classés et n'auraient-ils pas la même retraite que dans les autres administrations de l'Etat, comme, par exemple, les manufactures des tabacs et autres administrations ?

Est-ce parce que ceux-ci sont plus remuants qu'ils ont obtenu gain de cause ? Peut-on mettre même en parallèle leur travail ? Nous avons la conviction qu'impartialement, étant donné le travail dangereux auquel nous sommes continuellement exposés, nous devrions même être favorisés sur les autres administrations.

Le Congrès s'est arrêté à ce principe très juste, que tous travaillant pour le même patron, ayant tous les mêmes devoirs à accomplir envers lui, nous devons avoir tous les mêmes droits.

Le citoyen Branque propose la rédaction suivante :

Article premier. — Unification des soldes dans toutes les poudreries et raffineries, basée sur le salaire des ouvriers classés (exception faite des ouvriers d'art). — Adopté.

La séance est levée à 7 heures 15.

Les citoyens Branque et Tranier prient les délégués congressistes de bien vouloir honorer de leur présence la soirée dansante donnée en l'honneur de la distribution des prix aux élèves des cours professionnels.

Je laisse le soin aux citoyens délégués d'expliquer, de retour dans leurs villes, l'impression qu'ils ont ressentie en assistant à cette belle et fraternelle soirée.

Tout ce que je peux dire ici, comme rapporteur du Congrès, c'est que la grande salle des réunions et des fêtes de la Bourse du Travail, le hall, la grande cour, ainsi que toutes les salles du premier étage étaient bondés de joyeux danseurs, de charmantes danseuses, qui toutes rivalisaient de grâce, autant que de beauté. La soirée a pris fin vers une heure et demie du matin.

Il fallait venir, Messieurs les détracteurs de la grande famille syndicale, vous qui prétendez à tout bout de champ que l'œuvre syndicale périclite, vous auriez fait une vilaine grimace en voyant cette belle et fraternelle soirée de solidarité collective; vous auriez pu vous faire un jugement : vous seriez revenus dans vos foyers convaincus qu'avec cette union et cette solidarité, bientôt, si vous restez sourds à leurs justes demandes, et si vous ne faites droit à leurs justes revendications, les exploités que vous voulez affamer parleront en maîtres à leurs exploiteurs.

TROISIÈME SÉANCE

La séance est ouverte à 7 heures du matin.

Le citoyen délégué de Saint-Ponce est acclamé président.

Suite de l'ordre du jour de la Fédération :

ART. 2. — Assimilation obligatoire aux commissionnés après un an de service. — Adopté.

ART. 3. — Après une très longue discussion, à laquelle prennent part tous les délégués, la rédaction suivante est adoptée :

« Retraite obligatoire de 700 francs au minimum après vingt-cinq ans de service, y compris les années de service militaire, ainsi que le temps de services comme auxiliaire avant d'être commissionné, sans condition d'âge et sans retenue de traitement. Mise à la retraite d'office des ouvriers ayant atteint cette limite. »

Art. 4. — Retraite proportionnelle à tout ouvrier quittant un établissement, congédié ou non. — Adopté sans discussion.

Art. 5. — En cas d'incapacité de travail constatée, retraite intégrale et immédiate, sans préjudice de l'indemnité qui pourra être due pour blessures ou infirmités. — Adopté

Art. 6. — Sur l'article 6, presque tous les délégués citent des faits de partialité et d'injustice dont ils ont été victimes avec beaucoup de leurs camarades, car les uns, les préférés, touchent, à la suite d'accidents survenus dans l'exercice de leurs travaux, solde entière; d'autres, dans le même cas, ne touchent que demi-solde, quelquefois moins, et demandent aussi une règlementation unique pour toutes les poudreries de France, car, tous travaillant pour le même patron, l'État, il ne doit pas exister deux poids et deux mesures.

Le citoyen Branque propose la rédaction suivante :

Art. 6. — Pour supprimer le favoritisme choquant qui existe actuellement à la suite d'incapacité de travail, et en attendant l'assimilation, solde entière aux blessés et demi-solde aux malades. — Adopté.

Sur l'article 7, le citoyen Tranier s'étend longuement sur le principe de l'article. Il serait à désirer, dit-il en substance, que tous les syndicats fassent respecter énergiquement le principe. Le chômage disparaîtrait bientôt dans les établissements de l'État, lui qui devrait donner l'exemple à l'industrie privée. Lorsque chaque délégué a donné son avis, la rédaction suivante est proposée :

ART. 7. — Réduction de la journée de travail sans diminution de salaire : un jour de repos par semaine dans tous les services. Le travail du dimanche, étant un travail supplémentaire, doit être considéré comme travail de nuit ; dans aucun cas, il ne pourra être imposé à aucun ouvrier. — Adopté.

ART. 8. — Application stricte de la loi de 1848, non abrogée, sur le marchandage : suppression totale du travail aux pièces, c'est-à-dire à la tâche. Suppression des descentes de classes et des amendes. Les mises à pied ne pourront, dans aucun cas, excéder huit jours, après toutefois trois observations faites à l'ouvrier. — Adopté.

Les deux derniers paragraphes de l'article 8 ont été déposés et soutenus par le citoyen René.

L'article 9, ajouté à l'ordre du jour de la Fédération, émane du syndicat de Saint-Ménard. Il est présenté et vivement défendu par les citoyens Tressens et Lair.

Après les observations des citoyens René, Tranier, Bonal et Noé, le citoyen Branque présente une nouvelle rédaction acceptée par les délégués de Saint-Ménard.

ART. 9. — Dans les cas de chômage par suite de réparations faites aux usines ou autres ateliers, qu'il soit imposé aux entrepreneurs de prendre de préférence pour ces diverses réparations des ouvriers des poudreries en chômage. — Adopté.

L'article 10, ajouté à l'ordre du jour du Congrès, émane du citoyen René ; il est développé par lui et appuyé par le citoyen Noé. Après une discussion à laquelle prennent part tous les délégués, l'article 10 ainsi conçu est adopté :

Art. 10. — Tout le personnel des poudreries et raffineries, sans distinction d'emploi, après cinq ans de services, devra avoir atteint le prix maximum de journée.

Le citoyen Branque développe une proposition émanant du syndicat de Saint-Chamas, proposition qui devient l'article 11 ainsi conçu :

Art. 11. — Il sera accordé une somme de 0 fr. 10 c. minimum, par heure, à tous les ouvriers travaillant à la manipulation des poudres dites peroxidées, telles que : mélinite, crésolite, trinite, naphtaline, etc., etc., en un mot, pour tous les ouvriers travaillant à la manipulation des acides.

Tous les délégués reconnaissant le bien fondé des réclamations du syndicat de Saint-Chamas, l'article 11 est adopté sans discussion.

Une proposition est déposée par les citoyens Tressens et Lair, proposition qui devient l'article 12 annexé à l'ordre du jour du Congrès.

Après une discussion à laquelle prennent part les citoyens René, Tranier, Bouat, Noé et les auteurs de l'article, la rédaction de cette proposition est adoptée. Elle est ainsi conçue :

Art. 12. — A l'avenir, qu'il soit donné des effets de travail à tout le personnel, sans distinction d'emploi, dans tous les établissements, et fourniture par l'administration d'imperméables ou toiles cirées pour les ouvriers étant obligés de travailler toute la journée au mauvais temps.

Art. 13. — En cas d'explosion ou d'accident suivi de mort dans le travail, pension obligatoire de 700 fr. à la veuve et réversible aux enfants. — Adopté sans discussion.

La séance est levée à 11 heures 45.

Les délégués se rendent à la Maison du Peuple, pour répondre à la gracieuse invitation qui leur a été faite par l'administration : un lunch était servi en leur honneur. Après un échange d'observations tout amicales, des toasts sont portés par les administrateurs au prochain triomphe des revendications formulées par le Congrès, et par les congressistes, au succès de la Maison du Peuple de Toulouse, société coopérative de consommation.

QUATRIÈME SÉANCE

La séance est ouverte à 2 heures, sous la présidence du citoyen Tressens, de Saint-Ménard.

La suite de l'ordre du jour porte la nomination du Comité fédéral pour les années 1895-96, dont le siège sera à Toulouse, à la Bourse du Travail, place Saint-Sernin.

Conformément aux statuts de la Fédération, le siège du Comité fédéral doit être dans la ville où s'est tenu le dernier Congrès. Après quelques observations toutes d'ordre intérieur, il est décidé que chaque syndicat formulera individuellement quelques réclamations de minime importance à sa direction respective.

Il est procédé ensuite à la nomination du Comité fédéral, composé comme suit :

COMITÉ FÉDÉRAL POUR 1895 ET 1896

Secrétaire général : Germain Gaubert ;

Secrétaire (procès-verbaux et archiviste) : Tap ;

Trésorier : Paul Longe ;

Trésorier-adjoint : Raymond Lacombe ;

Commission de contrôle : Martin, Cabau, Louis Rivière.

Aussitôt le Comité fédéral nommé, le citoyen René remet les livres ainsi que la correspondance et les archives de la Fédération.

Le citoyen Noé remet de même au nouveau trésorier les livres de caisse et les fonds de la Fédération restant en caisse. Le Congrès remercie de nouveau les citoyens René et Noé du dévouement qu'ils ont toujours mis au service de la Fédération

Après un échange de vues pour le prochain Congrès, le citoyen Branque est désigné pour faire le présent rapport du Congrès de Toulouse, qui sera imprimé avec le rapport du Congrès d'Angoulême, dans une même brochure, par les soins du Comité fédéral.

BRANQUE Jeune.
Rapporteur, délégué de Saint-Chamas.

MANIFESTE

Aux Travailleurs des Poudreries et Raffineries

DE FRANCE

CAMARADES,

C'est à vous qu'il appartient maintenant, afin que l'œuvre du Congrès de Toulouse ainsi que le travail mûrement ébauché par cette collectivité d'humbles travailleurs ne reste pas stérile, de faire preuve d'énergie, d'union, jusqu'à complète satisfaction de nos justes et légitimes revendications.

Dans toutes les administrations on a amélioré le sort des travailleurs.

Il n'y a que les travailleurs auxiliaires des poudreries qui se trouvent dans une situation fausse et injuste.

Pourtant, ils ne sont pas les moins intéressants, soit par le travail dangereux, soit par l'emploi des acides qui font d'eux des vieillards bien avant l'âge, et comme nos demandes sont modestes et justifiées, nous avons espoir qu'elles seront prises en considération par nos gouvernants. S'il en était autrement, une fois de plus nous serions convaincus que nous sommes les éternels sacrifiés.

C MARADES,

Les revendications que la Fédération va adresser aux pouvoirs gouvernementaux étant d'un ordre de justice, d'équité et d'humanité, nous vous disons : Courage, espoir, union et surtout fermeté.

Vive la Fédération des Travailleurs des Poudreries et Raffineries !

Le Congrès termine ses travaux aux cris de : *Vive l'Union des Syndicats !*

IMPRIMERIE G. BERTHOUMIEU, RUE DE LA COLOMBETTE, 20.